JN101425

シリーズ　私のライフキャリア

人生三つの踊り場

～テレビマンからステージアート、
そしてジャーナリズムの死角を見据えた男～

鵜飼宏明

はじめに

わたしのことをよく知ってくれている向きには、いまさら改まって自己紹介の必要もないわけだが、初めて本書でわたしに接する方には、少し大枠での解説が必要かと思う。

わたしは一九三〇年（昭和五年）生まれで、鵜飼宏明というのは本名だ。別に日下四郎というペンネームもあり、舞踊関係とアートの仕事にはそちらを使っている。

生まれ年からわかるように、すでに卆寿を越えており、いつお迎えが来てもおかしくない年齢である。これまでに十数冊の著書を本名とペンネームの両方で上梓してきたが、八十代になってから、自分で満足できる作品が残せないと自覚し、以後筆を折った。

にもかかわらず本書を作ったのは、わたしには自伝と呼べるような作品がなかったからだ。かろうじて自伝的な作品といえるのは、若き日のわたしと家内がモデルとなった私小説風の作品『ナナとジャン』くらいしかない。『ナナとジャン』はわたしが人生の門出を前に書き留めておいた原稿を、六十年以上経ってから刊行したものだ。作品ということではわたしの処女作である。

『ナナとジャン』は二〇一六年(平成二十八年)に青風社より上下巻で刊行されたが、その後、本書の出版元である22世紀アートから電子書籍として再発行された。その縁で、同社の編集者である中野さんから、当所のオリジナル企画として、この種の自伝シリーズがあるが是非参加しませんかにと熱心に勧められ、その結果が本書の誕生に繋がったという次第である。

ただし、わたしは既に断筆宣言をしており、みずからオリジナルの原稿を書き上げる体力や気力がない。そこで中野さんに三回にわたる長時間のインタビューをしてもらい、聞き書きの形で原稿を制作することにした。これなら、上がってきた原稿を添削するだけで済むわけだ。

本書のタイトルである「三つの踊り場」は、わたしの人生を「学生時代」「TBS時代」「ダンスとの関わり」の三つに大きく分けて話そうとしたところから着想した。「踊り場」とは、ご存じのように階段の途中にある空間だが、わたしがかなりのエネルギーを懸けて取り組んできた舞踊の世界にも少し掛けてみたタイトルである。
昭和の初めから戦中の日本、きびしい戦後、一転して高度経済成長期、そしてバブル崩壊といった変転する現代史を生きた一人の男の記録として、楽しんで読んでいただければと思う。

鵜飼宏明

二〇二二年六月

目次

第二ステージ

第一ステージ

鵜飼捨七・すて夫妻

妹（達子）と連れ立って

戦時中は家に兵士も泊めた

大本山永平寺への出店風景

「捨七」と「すて」の子供

――まず生い立ちからお話しいただけますか？

わたしの父親は琵琶湖の近くにある滋賀県甲賀郡の生まれです。あのあたりは近江商人という名前でよく知られた商人の出身地で、父親も商人を目指して京都で修業をしたその一人というわけです。

父の名前は「捨七」と言いました。昔の人は子だくさんだったから、子供をたくさん産んで、最後のほうは「もういらない」という気持ちで名前をつけるんですね。「とめ」とか「末吉」とか。「捨てる」という字を入れるのもそのひとつで、七人目の子供で、もう子供はいらないから、これを最後という願いを込めて名付けたわけです。

そして、不思議な縁だと思いますが、わたしの母は「すて」といいました。五、六人兄弟の末っ子だったそうで、やはり「もういらない」という意味から、「すて」と付けられたそうです。

つまり、「もういらない」と思われた「捨七」と「すて」という二人の男女の間に生まれたのがわたしということになります。したがってわたしはもともと誕生から余計な存在だったのかな？　いやいやこれは半分冗談！

わたしは長子ではなく、上に姉がいました。わたしの八歳上でしたが、生まれて一年くらいで亡くなったそうです。その次に生まれたのがわたしで、「今度は死なせないように」と大事に育てられました。母は当時としては珍しい栄養剤を妊娠中に飲んでいたそうです。そのおかげでわたしは長生きできているのかもしれません。わたしの下には三歳離れた妹がいましたが、五年くらい前にわたしより先にあの世に行ってしまいました。

—鵜飼さんの一家は京都で暮らしていたんですか？

そうです。父は近江商人の修業コースをそのまま歩み、京都の松本屋という法衣仏具商で働きました。法衣仏具商というのは、お寺さん相手の用品を扱う専門店です。お寺がたくさんある京都ならではの商売ですね。

父はそこでの働きが認められて「のれん分け」を許され、独立して市内に店を持ちました。「松本屋（鵜飼）捨七法衣仏具店」という屋号でした。文字通り「松本屋」という称号を〝のれん〟に用いることをゆるされ、そして独立してから父は母と結婚し、わたしたち家族ができあがったわけです。

——お母さんとの出会いは？

母の親元はもともと丹波方面の士族ですが、京都の梅屋手芸学校に学び、いわゆる〝お針子〟として松本屋に出入りしていたそうです。そこへ捨七が目を付け、両者の縁組が成立しました。典型的なお見合い−アレンジ結婚です。

——でもお父さんは乗り気だったんでしょう？

反対に母の方はイヤ気で、できれば断りたかったそうです。でも当時はまだ親の意向の方が優先でどうしようもなかったとか。

わたしたちが住んでいたのは、下京すなわち今の下京区の一角でした。もちろん借家です。そのうちに父の商売が軌道に乗り、番頭さんや丁稚さんを二人か三人、要するに従業員ですね。そういう人たちも使うようになって、商売を大きくしていきました。

父の突然死

ところが、そこに戦争が絡んできます。だんだん物がなくなってきて、商売が鈍りはじめました。今のコロナ禍の状況とよく似ています。当時大東亜戦争と呼ばれた、太平洋戦争が始まったのが、一九四一年（昭和十六年）。そして二年後の昭和十八年の戦争中に、父は突然この世を去ってしまいました。

――突然？　事故死ですか？

詳しく言うと水死なんですが、家族にとっては事故死みたいなものでした。

夏休みだったので、その日わたしは学校の先生や友人たちと一緒に、滋賀県の比良山という琵琶湖の西にある山に登山に行っていました。日帰りなので朝早くに家を出ていたため、家で何があったかはまったく知りませんでした。

家には父と母、そして妹がいました。「この子を遊びに連れていってやってくださいよ」と母が父に頼んだらしく、父は妹を連れて、福井県の小浜というところに行きました。ちょうどそちらに仕事があったらしく、仕事を兼ねて、妹を海で遊ばせてやろうと思ったんですね。

これは後から妹に聞いた話ですが、その日は朝からものすごい暑さで、父は行きのバスの中で、すでに汗をいっぱいかいてふうふう言っていたそうです。体調がおかしかったのかもしれません。

それでも行きつけの旅館に荷物を預けると、父は妹を連れてそのまま海に行ってしまいました。おそらく暑かったので、準備体操もしないで海に飛び込んだのではないでしょうか。それで心臓に負担がかかりすぎたらしく、心臓麻痺を起こしてしまいました。

妹は父親と一緒に海で遊んでいるうちに、父親の姿が見えなくなって、「お父さん、お父さん」と泣き出してしまい、大騒ぎになったようです。そして、しばらくすると父の体が水に浮かんできたそうです。

わたしはそんなことが起きているとはまったく知らずに、山登りから家に帰ってきました。帰ってみると、家の中の様子がどうも変です。どうしたのだろうと思っていたら、母から「宏明、ちょっとおいで」と呼ばれました。

「大変なことが起こった。お父さんが亡くなったんだよ」と噛みしめるような言葉で異様のわけを母から聞かされたことを今でもはっきり覚えています。
それから小浜に向かっていた店の番頭さんたちがハイヤーに遺体を乗せて帰ってきました。父の遺体は家の奥の座敷に寝かされて、父の体が横たわっている姿は、今でもわたしの記憶の中にあります。

戦争の記憶

――戦争で暮らしはどんなふうに変わっていったんでしょうか。

わたしの環境では、戦争のおかげでおかしくなったということはありませんでしたが、父が亡くなった昭和十八年には、もう配給制度がかなり一般化していました。その年の春に、「今月のお砂糖一斤が最後の配給ですよ」と言われたのを今でも記憶しています。だから、それ以降は甘いものには一切縁がなかったというわけです。そのあと甘味をどこで補ったかというと、サッカリンという合成甘味料をご存じですか?あれを直接口に入れてなめたりしていたものです。

わたしは小学校五年生でしたが、だんだん戦争の旗色が悪くなって空襲警報が鳴るようになると、学校に走っていきました。京都は空襲を受けなかったというのが定説になっていますが、本当は四、五回爆撃されているんです。ただしそれは計画的なものではなくて、米軍の兵士がお遊び的に、どこかを空襲に行った帰りに、気まぐれで爆弾を一つ落としたようなことでした。でも、わたしもそのうちの一つを身近に体験しています。

中学校に上がってからは、工場への学徒動員で働きました。そこでは船の配電盤を作っていましたが、その工場の道路を隔てた向かいには、三菱系の軍需工場がありました。わたしたちの学校はそこには配属されていませんでしたが、敵さんはお遊びとはいいながらも見事なもので、その三菱の工場のど真ん中の屋根の上に爆弾を落としていきました。

爆弾だから落ちれば爆発して破片が飛んできます。その飛んできた破片で、こちらの工場で働いていたわたしの友達が怪我をしています。

わたしが強烈に記憶しているのは、昭和二十年に入ってから、舞鶴港に訓練に行った時のことです。そこに空襲があって、さっきまで港に浮かんでいた数隻の軍艦が、空襲が終わって防空壕から出てきたら、全部消えてなくなっていました。ただ一隻だけが、水面から舳先を高く上げて空を見上げるような姿で沈みかけていたのを今でも覚えています。

その空襲の時にわたしは、機銃掃射を受けました。わたしのほんの二、三メートル先のところにダダダダと来て、一発でも命中していたらきっと死んでいたと思います。やっぱりその時は怖いと思いましたね。

京都は空襲がなかったから良かったねとよく言われるのですが、現実はそんな呑気なものではなかったことは確かです。

とにかく戦争中の学校生活は惨めというか、荒れていて空虚でした。毎日毎日、「気をつけろバカ」とか「お前の足はどっち向けについているんだ！」など、横っ面を張られたりして、じっと耐えていました。それが教育でしたから。

といのも当時は各学校に配属将校とよばれる少将クラスの現役軍人が配置され、それが週に何回かにわたってきびしい軍事訓練を施します。その空気がいつの間にかクラスの授業や校内一帯にも広がって、文字通り〃勉学にいそしむ〃といった雰囲気はありませんでした。

だから八月十五日に玉音放送があって、戦争に負けたとわかった時には、正直な気持ち、内心「ざまを見ろ」と思いました。それまで先生に理不尽なことをいろいろ言われて、子供心に悔しい思いがありましたから、先生が悔しい顔をしているのが、逆にいい気分だったのです。

それは少し歪んだ心理だと思いますが、子供心にもおかしいと感じるような教育をしてきた日本が、そもそもお粗末だったということになります。

当時はみんな、口を揃えて「神の国日本」でした。「今に神風が吹くから、それまで頑張れ」ですよ。「神風なんか吹くもんか」とはっきりわかったのは戦後であって、あの時代はそういう教育を受けていたので、ひょっとしたら「神風が吹くかもしれない」と、心中願いを込めながら、みんなもどこかでそう思っていました。

戦争末期になって、クラスのみんなが少し弱気を漏らした時、ある生徒が「いや、大丈夫です。日本は爆撃で駄目になっても、満洲という国を作りましたから、満洲を根城にして反抗して、必ず勝ちます。そのうち神風が吹きます」と、大真面目に発言しました。そしてそれが優等生として拍手喝采を浴びました。そういう発想が当時は支配的だったのです。他は万事推して知るべしでしょう。

そんな状態になってしまったというのは、やっぱり日本の教育、明治以降の国の進路がお粗末だったからなのだと思います。

お家騒動

一家の屋台骨である父が急死してしまい、それでなくても戦争で商売がうまくいかなくなっていたこともあって、あるじなき鵜飼捨七商店は迷走し始めます。本来であれば、店で働いていた番頭さんが跡を継ぐのが順当だったのですが、二人いた番頭さんの一人に店を継承してもらったところ、戦後すぐに心臓麻痺で亡くなってしまいました。

そこでもう一人の番頭さんが継げばトラブルも起きなかったのだと思いますが、亡くなった番頭さんの弟さんが血縁を盾に急に跡を継ぐと言い出して、まるで大名家のお家騒動のような状況になってしまいました。

その弟さんは、一時期、見習いみたいな形で店に入っていたことがありましたが、店主の実弟だからと、どさくさに乗じて店を乗っ取ろうと画策したようです。亡くなった番頭さんの親も、子供可愛さからなのか、弟に継がせろと強硬に言ってきていました。

もしそのとき、わたしに店を継ぐ気があれば、何か行動を起こしたかもしれませんが、わたしは店の商売にはまったく興味がありませんでしたし、母親もわたしに店を継がせたくないと前から意見を表明していました。

そんなわけで、わたしが東京の学校で勉強している間に、松本屋鵜飼捨七商店はその歴史を閉じてしまいました。最盛期は曹洞宗総本山である福井県の永平寺に出入りを許されるまでになった時期でしたが、あっけないものです。

いちどわたしは永平寺に連れて行ってもらったことがあるのですが、参道の両側に「松本屋鵜飼捨七商店」という文字が彫られた灯篭が立っていたのをしっかり目にしています。

旧制三高から東大へ

もしわたしに店を継ぐ気があったら、商業学校に入っていたはずですが、わたしは普通コースの中学に進学しました。父が亡くなったのが小学校五年生の時で、中学三年生の時に終戦になりました。

戦後すぐに学制改革が行われ、今のような六・三・三の制度が始まります。わたしはその変革期に学生だったため、松原中学から市立一中を経て、旧制の第三高校に入学しました。ところが通い始めて一年で制度が変わり、今度は新制の東京大学に入学しました。もちろん入学試験を通った上でのことです。

わたしは新制東京大学の第一期生ということで、文科一類に入学し、さらに後期の二年間はドイツ文学を専攻することになりました。これはそのころの教養科過程には、英語を全く必要としないフランス語とドイツ語だけコースがあり、好奇心の強いわたしは何でも新しい言語を知りたいと、あえて英語抜きのクラスを選んでいたのがきっかけでした。

――試験に合格して東大に入ったのは立派だと思いますが、お父様を亡くされて、家計が大変だったのではないですか？

ある程度の財産が残っていたのだと思います。大本山の永平寺の出入り商人にまで上りつめたわけですから、父もいささかの蓄財はあったのでしょう。

しかし戦後は貨幣価値がひっくり返ってしまいましたから、その財産もみるみる価値がなくなってしまい、母は財産を取り崩しながらやりくりするのが大変だったはずです。裁縫の内職などもしていました。いろいろと苦労を掛けました。

そんな我が家でしたが、奉公人から独立した谷口という人が、いろいろと面倒を見てくれました。谷口さんは「谷口法衣店」という店を構え、京都で立派にやっていました。今でもお店が続いています。

谷口さんはわたしが生まれた年に十六歳で奉公に来ましたから、わたしとは十六年の差がありました。わたしをとても可愛がってくれて、多分お世辞半分だったのだとは思いますが、「奥さん、ぼんぼん抱からしておくれやす」と言って、わたしをよく抱っこしてくれたそうです。

わたしが東京に来てからも連絡があって、父の店の人の中では一番密接なお付き合いをした人です。谷口さんは十年くらい前に亡くなりましたが、今では二代目が立派に跡を継いでやっています。

――新制東京大学文科一類でドイツ文学を選択されたわけですが、その専攻分野を選んだ理由は何でしょう?

新制の大学は、卒業までの四年間の前半が教養課程で、後半の二年が専門課程です。東京大学の場合、専攻する学部を決めるのは後半の二年で、教養課程ではもう少し大きな枠でいろいろな授業を受講します。

わたしが入った文科一類というのは、他大学でいえば文学部に相当します。文科二類が経済学部です。わたしは以前から純文学に興味があったので、文科一類を受けたわけです。(註:その後文科三類というのが創立され、現在では純粋に言語、思想、歴史の研究を志望する場合は、こちらを志望するのが普通になったと聞いています)

ドイツ文学を専攻

わたしは旧制三高の一年間でフランス語を学びました。当時、高校の語学コースには「文」と「乙」と「丙」というものがありました。「文」というのは英語中心で、「乙」はドイツ語が主。「丙」がフランス語です。わたしは少しフランス語に興味があったというか、映画などで刺激を受けていたのでフランス語を勉強したいと思い、「丙」を志願していました。

そこで一年間フランス語を勉強したわけですが、そのころのわたしはアメリカ文化を馬鹿にしていました。戦争にこそ負けたけど、あそこにはミュージカルとジャズくらいしか文化がないと思っていましたから。

実際にはそうじゃないということが後になってからわかりましたが、当時はそれに比べるとヨーロッパにはそれぞれの歴史があって、文学があって、文化があると憧れていました。ヨーロッパ文化は明治のころから日本に紹介されていましたからね。それで、ヨーロッパ文学を勉強するなら、フランス語以外にも語学を勉強したいと思っていたんです。

いろいろな勉強をするにつれて、ヨーロッパ文化にはゲルマン系の分野があるとわかってきたので、わたしはドイツ語に興味を持ちました。大学に入って二年間の教養課程が終わるころに、いよいよ学部を決めなければいけなくなり、専門的にドイツ文学を学ぶことにしたわけです。

当時の東京大学ドイツ文学科には、相良守峯（さがらもりお）という先生がいました。独和辞典などの編纂で名を残し、文化勲章や勲一等瑞宝章を受章した大先生です。この先生はゲーテの研究でも有名で、東大におけるドイツ文学の教祖みたいな人でした。「相良文学」と呼ばれた相良先生の研究分野はドイツ文学研究の王道で、主流派をなしていました。

しかしわたしはその主流派の学問をするのに抵抗があり、アンチ・ゲーテの道を歩みました。

わたしが研究したのは、ゲオルグ・ビューヒナー（Georg Büchner 1813-1837）という作家です。ビューヒナーは若死にした作家で、作品が五つくらいしか残っていませんが、そのうちの一つである「ヴォイツェック」という作品はオペラにもなって人に知られています。

わたしは卒論もビューヒナーを選びました。ビューヒナーは作品こそ多くありませんが、その当時としては珍しく、社会の底辺に生きる人たちを主人公にした作品を書いていました。そのビューヒナーの全集を訳した人の中に、岩淵達治というわたしの二年先輩がいました。この人は演劇にとても興味を持っていて、わたしは岩淵先輩と一緒に演劇をやり、演劇青年になりました。そしてあちこちの舞台を見て回ったりしているうちに、数年前まで一緒だった家内とも知り合ったというわけです。（こちらの出会いといきさつは、既刊の拙著『ナナとジャン』で、そのおよその雰囲気をくみ取ることができます）

演劇への憧れ

――ドイツ文学を専攻したけれども、一番熱心にやってたのは演劇だったということですか？

大学時代に一番熱中してやったのは何かと考えると、やっぱり演劇でしょうね。演劇はもちろんの学問の対象ではありませんが、演劇を通じてヨーロッパ文化というものを勉強したという面もあるので、遊んでばかりいたわけではありません。

わたしは演劇が昔から好きで、中学生の時は演劇部に所属して、夏目漱石の「坊っちゃん」をやったりしていました。女の子がいないので、ちょっと可愛くて色気のある小柄な男の子をマドンナ役にしました。私は校長先生の役をやりました。

三高に入った時も、演劇研究部に所属しました。いろいろな気に入った作家の舞台を追いかけて見に行ったりしていました。このころ見た舞台で今でも強い感銘を受けた作品に文学座の杉村春子さんの主演した「女の一生」があります。

そういう意味では、わたしの演劇への憧れはかなり若い時からのものです。

アルバイトと下宿

――京都で生まれ育っているのに、東京に出て東大に通った理由は何があったのでしょうか？

若い時は青雲の志ではないけれど、知らないところとか遠いところへ行って冒険したいという気持ちを誰でも持っているものではないですか？

それと、京都というところは、生まれた人間だから言いますが、文化的な歴史がある半面、規約やルール、不文律といったものが生活に陰鬱に根付いているところがあります。

だから若者が若い気持ちのままにストレートに行動すると、すぐに「そんなことやったらあかん」などと言われて退けられる世界なんです。幼いころから京都で育ってきたからこそ、そういうところから脱出したいという気持ちが自分の中にありました。

心残りは母親を京都に一人残していくことです。でも母はわたしを応援してくれました。裁縫の手仕事で稼いだわずかなお金を、毎月わたしのために送ってくれたりしました。

もちろん、それだけでは足りないので、アルバイトをして生活していました。お金になることならなんでも飛びつきました。たとえば、飴作りのアルバイトをしたこともあります。砂糖を鉄板の上で熱して融かし、出来上がったまだ熱い飴を素手で型からほじくり出したりしました。

自分の身の回りのことも、自分でやりました。今では洗濯といえば洗濯機に入れてボタンを押すだけですが、当時は洗濯板に洗濯物を押し当ててゴシゴシやっていました。飯を炊くのも炊飯器ではなくて炭火です。そのうちにニクロム線の電熱器ができて、ずいぶん便利になったのを覚えています。

それから、映画の「トラ」の出演にも行きました。「トラ」とはエキストラのことです。映画のボクシングのシーンを撮影するのに、観客席のカメラに写る部分だけをエキストラで満員にして撮影するんです。一日三百六十円もらえました。

――東京での下宿先は、大学の近くでしたか？

最初は、三鷹にあった東大寮に入りました。それから文京区の根津に東大寮ができて、そちらに移りました。そのうちに国立に住んでいた学校の友達が、近所のお寺で住職が住み込みの家庭教師を探しているという話を持ってきました。住職の息子に勉強を教えるのに、東大生で下宿する人を探しているというのです。

ちょうど寮も飽きたころだったので、行ってもいいよと返事をしてそちらに移りました。お寺の建物の一角にある三畳の間がわたしの部屋です。窓を開けるとお墓だし、三畳しかない狭い空間でしたが、それでもついに自分の部屋を持ったわけですから、悪い気持ちはしませんでした。

ただ、住職には申しわけなかったのですが、わたしはすでに（？）立派ではない人間でしたから、行き帰りの時間は不規則だし、いろいろな友達を連れ込んだりして、あまり品行方正ではありませんでした。

その頃に、演劇関係の縁で家内と付き合っていましたから、彼女が訪ねてきたりするのを、住職の奥さんが問題視して、とにかく勝ち気な女性でしたから、わたしのような期待にそぐわない下宿人には出ていってもらおうということになり、わたしは追い出されるようにそこを出ることになりました。

東京放送に入社

――さて、大学も四年生になって卒業が近づきました。就職を考えたのはいつごろからですか？

学内に就職募集の貼り紙なんかが貼り出されると、わたしも将来の道を考えるようになりました。いろいろな道があったと思いますが、その中で覚えているのは、ひとつは東映の助監督見習いです。かなり迷ってよほどそれを受けようかと思いましたが、結局は受けませんでした。

そのほかには文藝春秋の社員募集もありました。これは受けたんですが、落ちました。そのうちに民放の募集があるというので、そちらに興味を持ちました。

当時は、放送といえばＮＨＫが当たり前ですから、果たして民間資本で放送ができるのかと、誰もが危ぶんでいました。

でもわたしは、放送局には興味がありましたが、ＮＨＫに入ろうという気はまったくありませんでした。なぜなら、わたしの心の中には、ＮＨＫが戦時中に国家に協力したことで、日本が悲惨な敗戦を体験することになったという思いがあったからです。同様に朝日新聞に対しても同じ印象を持っていました。だから、何があってもＮＨＫと朝日新聞には絶対に入るまいという気持ちだったのです。

たとえ将来がどうなるかはわからなくても、ＮＨＫに対抗する存在としての民放には期待していました。そして当時の民放で一番力があったのが、東京放送の「ラジオ東京」だったのです。そして、東京放送に入ったら、給料が毎年少しずつ良くなっていきましたから、わたしの判断は間違ってはいなかったと思います。

――入社したときは、まだラジオの放送局だったんですね？

そうです。テレビはまだなかったので、ラジオ局です。そして入社して最初に手掛けた番組は、やっぱり演劇関係です。入社するときに演劇青年だったことをアピールしたからでしょうか。「空中劇場」というシリーズ枠があって、その中で当時新進作家だった安部公房という小説家の「鉛の卵」という作品をラジオドラマ化したりしました。

そのうちに部署内で人事異動があり、寄席や浪花節といった大衆演芸部門の仕事もするようになりました。

最初のうちは「大衆演芸なんて」と拒否反応がありましたが、今から考えると、その異動のおかげで江戸の寄席文学を勉強するきっかけになったのですから、やって良かったと思います。まだ初代林家三平が下っ端で、頭を掻き掻き「すみません」ってやってたころです。新宿の末廣亭あたりに行って収録をしましたが、観衆の拍手がほしいときには、腕を回す身ぶりで「拍手！」と指示したりして高座を録音しました。

そのころ、ラジオの落語の世界では、ポリドール出身の出口さんというプロデューサーがいて、天下のＮＨＫを向こうに回して「ラジオ東京専属五人男」など人気タレントを押さえ込んだりしました。

そんなことをしながら、ＮＨＫを相手にして落語番組を一生懸命にやりました。そのうちにテレビができて、そちらに異動することになったわけです。

夢の持ち家生活

その間、住まいは相変わらず下宿を転々としていました。中野の下宿の後に国立に戻ってきて、音大の近くの新築の二間を借りて、彼女と一緒に生活することになりました。わたしの自伝的小説『ナナとジャン』はそのあたりで終わっています。

そんなころ、京都から母親が上京してきました。続けて妹も上京してきて、みんなで暮らすことになりました。住まいを同じ大家さんが持っている一軒家に換えて、そこで生活していました。

我が家は京都時代からずっと、借家住まいでした。そのため母親は持ち家にすごく憧れを持っていました。「東京に出たら、一軒家を探して持たなきゃ」って、それればかり言っていたほどです。それで立川に一軒まるごとの借家を借りて生活するようになり、そこで息子が生まれました。

その家は借家でしたが庭もあって、わたしたちは満足して暮らしていましたが、そのうちに世の中が少しづつ豊かになって庶民も家を持てるようになると、会社でも持ち家のためにお金を貸す制度ができました。母の夢だった持ち家がついに手に入ると思い、会社からお金を借りて、国分寺に建屋を購入しました。ちょうど東京オリンピックが開催された年、一九六四年（昭和三十九年）のことです。

その家というのは最初は平屋でしたが、やがて増築して二階を作ったりして、結局わたしの人生の中では一番長く住んだ家になりました。母の長年の夢だった持ち家に住むことができて、その点だけは親孝行ができたと思っています。

人生の「師」たち

——これまでの人生で、強く影響を受けた方はいらっしゃいますか？

実在の人物でわたしに影響を与えた人というと、真っ先に思いつくのは家内のお父さんですね。広告代理店にいながら、物書きもしていました。といっても売れない物書きです。わたしはその人とはとても仲が良くて、義理の親子というよりは、友だちみたいな関係でよく飲みに行ったりしていました。

彼からは新しい自由な世界の空気をたくさんもらった気がします。彼は亡くなる前に縁あって山梨県のお寺に墓地を得て、「死んだらここで鵜飼君と一緒に、富士山見ながら一杯飲もうや」と言っていました。わたしはその言葉を実現するために、そのお墓に並んで小高い丘に石碑のような墓を用意しました。そしてそこへ敢えて「Gedächtnisse」という横文字を彫り込んだのです。

これは記憶とか回想とを意味するドイツ語の「Gedächtnis」の複数形で、そもそも無神論者であるわたしにとって、人生とはさまざまな出会いの積み重ねであり、お墓は死後そこに葬られた人間との、思い出を通して再会を楽しむことのできる純粋無垢の場所というわたしの考え方からの起想です。ただしそこにわたしが入ることになるかどうかは、今のところまだわかりません。京都にも両親の建てた墓がありますから。

恩師で覚えているのは、小学校の時にお世話になった北村先生です。父親が亡くなったときに山に登っていたという話をしましたが、その引率をしていたのが北村先生でした。小学生時代お世話になった中では、一番親しかった先生です。

また社会に出てからはもっとも仕事を教えられ、かつ人間としての共感を得た先輩として宇田博という同業者がいます。小林旭が歌って有名になったあの「北帰行」の作詞・作曲家です。満州で育ち、帰国後〈日映カメラ〉を経てＴＢＳに職を得、教養部長としてわたしに「ヤング７２０」プロデュースのチャンスをくれました。東大仏文卒の逸材、飲んべーにしてするどく、彼からはいろんな教訓を得ました。仕事の余暇を盗んで飲み歩いた、数々の日夜は今もって忘れられません。

わたしが東京放送を受けるきっかけを与えてくれたのは、家内のお父さんでした。わたしが就職先を探していた時に、「ラジオ東京が募集してるよ」と教えてくれたので、受けてみることにしたのです。あの頃は誰か保証人の名前を添えなければ受験できなかったと思いますが、それにも家内の父がなってくれました。応募者はずいぶんいたような気がしますが、最終的に合格した十何人かの中に入ることができたわけです。

和して同ぜず

東京放送の最終面接試験では、「支持政党はどこか」という質問がありました。わたしは「社会党です」と答えましたが、すぐに「右派か左派か」と突っ込まれました。

それを聞いてわたしは、ここもやっぱり思想にこだわっているのか、と残念な思いがしました。

日本人には「ものごとを根本まで考えない」という悪い癖があると思います。入社試験ですぐに支持政党や思想信条を聞くのは、表面的なラベルを見て、それで中身がわかったつもりになるパターン化した悪しき行動です。

日本人が誇りに思っている聖徳太子の十七条憲法がありますが、その第一条には有名な「和を以て貴しとなす」という言葉があります。多くの日本人はそれを「仲良くやれば力が結集できて、ものごとがうまくいく」という意味だと認識しています。

それは間違いではないのですが、ともすれば「仲良くしさえすれば良い」ととらえがちになります。そのため、「和を以て貴しとなす」のあとに、論語にある孔子の「君子は和して同ぜず、小人は同じて和せず」を踏まえ、「和を以て貴しとなす、されど和して同ぜず」というひとつながりの言葉として理解しておくと、付和雷同や烏合の衆となることを戒めることができるのではないでしょうか。

現代社会は人と対立することを避けようとするあまりに、なかなか本音で語り合ったり、根本的な議論をしたりする機会がなくなっています。全体の意見に賛同した上で、自分の意見をしっかりと主張することが大事なのだと思うのですが、そういう意見は今の世の中では少数派かもしれませんね。

そのために、日本人は徹底して考えるということはしない傾向があります。たとえばヨーロッパ人と比べると、もう一歩踏み込んで論じ合うことをしないで、「みんながそういう意見だから」と安易に握手をしてしまい、そこで終わってしまったりします。

だから、表面的なもので「あの人はどっちに与してるか」みたいな判断をするようになっているのだと思います。

第二ステージ

ラジオ東京局一期入社グループ

専属落語家らと会食のひととき

はじめての海外取材でハワイへ

L・リーフェンシュタールを取材

テレビの仕事を志願する

――一九五五年（昭和三十年）四月一日、ラジオ東京は日本テレビに次ぐ民間放送テレビ局として放送を開始しました。その当時のことを覚えておられますか？

日本テレビが民間では初のテレビ局なんですが、日本テレビはラジオを持っていませんでした。ラジオとテレビの兼営局としては、東京放送が日本初です。最初はテレビ番組を制作するお金がなかったので、ラジオの資金を回したりしていました。放送も今のように一日中ではなく、夕方からの数時間だけでした。

それから一年ほど経って、もう少し放送時間を拡張して、朝の時間帯もやろうということになりました。出勤前後にテレビを見る人たちを獲得したいとかのいろいろな思惑があったようです。そうなると、番組の作り手が足りません。それで、ラジオのほうに「テレビの仕事をやるやつはいないか」と声がかかりました。私は一番に手を上げて異動を希望しました。

なぜテレビの仕事を志願したのかというと、ラジオの職場で上司と喧嘩してしまい、居づらくなったからでした。テレビなどという、海のものとも山のものともまだわからない仕事に飛び込んでいいものかとか、異動してやる仕事は朝の番組で、それほど魅力的には思えなかったりしたのですが、とにかくラジオの職場にはもういたくないと思ったので、募集の声がかかったのを幸いとして移籍したわけです。


ラジオ東京テレビでは、当初朝の番組ばかりを担当していました。「テレビ幼稚園」という番組は、日本テレビと講談社が組んでスタートさせた「テレビのおばちゃま」に対抗するために、小学館、集英社とラジオ東京テレビが幼児雑誌と連動する番組として始めたものです。

番組の内容は、実際の幼稚園を模したもので、近隣の幼稚園からバスで動員された園児が出演していました。幼児雑誌に連載されていた「こりすのぽっこちゃん」も人形劇として登場し、キャラクター商品も発売されて人気を博しました。

朝の番組をヒットさせたことから、わたしは一時期「朝の鵜飼」などと呼ばれるようになりました。しかし、当時の番組は生放送ですから、朝の番組を作るということは、その時間に放送局にいなければなりません。毎日暗いうちから起きて、一番にスタジオに入るということの繰り返しです。若くて元気だったからやれた仕事でした。

もちろん、番組制作の仕事は放送の現場にいることだけではありません。「テレビ幼稚園」でいえば、園児に出演してもらう幼稚園に交渉して、話をつけて、放送当日に迎えのバスを出して、園児に局に来てもらわなければなりません。大きなスタジオの一角には「幼稚園」としての場が作ってあって、そこで園児に歌ったり踊ってもらったりするわけです。放送の中身はわりとシンプルで、現場そのものなんですが、それを実現するための根回しは簡単ではありませんでした。

着ぐるみ人形劇「ロボッタン」

――この時期に着ぐるみ人形劇「ロボッタン」という番組も作っていますね。

これは朝の番組ではなくて、毎週月曜日の夕方六時十五分から四十五分まで放送した三十分番組です。「テレビ幼稚園」に出演していた人形劇団との縁ができて、独立した番組で一から作り上げる人形劇をやろうということになって、始めたものです。一九六一年(昭和三十六年)の二月六日から十二月二十五日まで、四十七回の放送でした。

この番組が始まる半年前に、NHKが幼児向け番組「おかあさんといっしょ」の中で、「ブーフーウー」という着ぐるみ人形劇を放送して人気を博していました。「ブーフーウー」は西洋童話の「三匹の子ぶた」の後日談という設定で、メキシコを思わせる舞台背景の中で、ブー、フー、ウーという三匹の子ぶたと、オオカミが登場するものです。

「ロボッタン」は、その番組の評判が良かったので、それにあやかって作った着ぐるみ人形劇でした。「ロボッタン」に登場するのは「子グマのプー」、「ウサギのピョン」、「ゾウのゾゾ」です。動物たちが平和に暮らすロボッタン村が舞台で、主人公のプーと友だちのピョン、ゾゾがいろいろな設定で活躍するミュージカル的な構成でした。

おもしろいのは、「ブーフーウー」と「ロボッタン」には共通して登場する人がいたことです。「ブー」の声優の大山のぶ代は、「ロボッタン」では「プー」の声優として出演していましたし、「ブーフーウー」の振付は舞踊家の三輝容子さんですが、「ロボッタン」の着ぐるみに入って演技していたのは、三輝容子モダン・バレエ研究所の人たちでした。

しかし「ブーフーウー」の原作・脚本を担当していた作家の飯沢匡さんには「ロボッタン」が自作の真似に見えたらしく、いろいろと文句を言われました。

とはいうものの、芸術も番組も、一〇〇％オリジナルと言えるものは存在しません。一般的に言って、どこかに模倣があるものです。ここがいいと思うところを真似して取り入れることで、さらに良いものを追求するというのが芸術の宿命なのです。それが露骨だと、盗作だとかパクリだとかの批判が生まれますから、要するに程度問題なのだということです。

「ヤング７２０」を手がける

その次に手掛けたのが、わたしの代表作ともいえる「ヤング７２０（セブンツーオー）」という若者向けの朝の番組です。これは一九六六年（昭和四十一年）十月三十一日から一九七一年（昭和四十六年）四月三日まで毎週月曜日から土曜日まで、全一三七三回の長きにわたって放送されました。

この番組ができたきっかけは、そのころのＴＢＳ朝の看板番組であった「おはよう・にっぽん」という朝のニュースショーです。当時は各局が競って朝の報道番組に力を入れていました。

こちらは「ヤング720」の半年前にスタートしていましたが、視聴率が取れずに苦戦していました。先発のライバル番組である「木島則夫モーニングショー」に対抗して、主婦層に人気のある俳優の小林桂樹さんを司会者に起用したのですが、それが思うような効果を出せずにいました。

小林桂樹という俳優は、当時映画界の賞を総なめにした役者で、テレビ界に進出する第一作がこの「おはよう・にっぽん」でした。番組が彼に求めていたのは、市民社会の中での物知りなおじさんという立場で、いつもニコニコと子供にも人気があるキャラクターでした。

しかし、これはよくあることですが、役柄とその俳優の人格を混同して期待してしまうと、当てが外れてしまうことがあります。朝のニュース番組の司会者には社会的な見地から自分の意見を持ち、アドリブで状況に対応する能力が求められるのですが、役者さんは台本を読んでその役柄になりきるのが仕事ですから、アドリブは苦手です。そこの読み違えが、番組の不振につながってしまいました。

そこでてこ入れのために、「おはよう・にっぽん」の前の番組で視聴率を取り、そのままチャンネルを変えないでもらうという作戦が考えられました。そして「朝の鵜飼」と異名をとっていたわたしに、「おはよう・にっぽん」の露払い番組を作れという司令が下されたわけです。「おはよう・にっぽん」の前の時間帯である七時二十分から八時まで、とにかく視聴率の取れる番組を作れというのが上からの指示でした。

どこにもなかった若者向けの朝番組

わたしは七時からのニュースと八時からの「おはよう・にっぽん」というお固いニュース番組に挟まれた、若い人向けの番組を作ろうと思いました。番組名は、当時流行していた「ヤング」という言葉と、番組の始まる七時二十分を英語のスラングで発音した「セブンツーオー」を組み合わせて作りました。ジャズっぽいテーマ音楽に続いて、ファッション、映画、星占いなどの若者に絞りこんだ内容を取り入れ、途中からは当時ブームになったグループサウンズも登場させました。ブルー・コメッツ、ザ・テンプターズ、ジ・オックス、ザ・スパイダース、ザ・タイガースなどに出演してもらいました。

ここで背景として、この番組が始まった昭和四十一年（一九六六年）というのがどういう年であったかを説明しておく必要があるかもしれません。番組スタートは十月三十一日でしたが、その少し前の七月一日には、ビートルズの日本公演という一大イベントがありました。ニュース映像などで見たことのある人もいると思いますが、とにかく大騒動で、若者たちにとっては音楽とファッションの大革命がそこから始まりました。

一方、ビートルズ来日の三日前には、成田新空港反対総決起集会が初めて行われ、委員長に戸村一作が就任しました。こちらは反権力、反戦の大きなうねりとして若者文化に影響を与えました。

わたしはそんな大きな時代のうねりの中にある若者文化をそのまますくい上げ、テレビという最先端のメディアで若者たちに届ける番組を作ろうと考えました。ちょうど団塊の世代がハイティーンだった時代なので、報道性は前後の番組に任せ、「ヤング720」は若者風俗そのままで勝負するという方針でした。

まず最初に考えたのは、人気急上昇中のグループサウンズをレギュラーとして登場させることです。ブルー・コメッツの「ブルーシャトー」やザ・スパイダースの「夕陽が泣いている」が大ヒットしていたので、それぞれのバンドにローテーションで出演してもらいました。「ヤング720」は大当たりとなり、ターゲットにした若者層だけでなく、幼稚園児や小学生もが「この番組が終わらないと家を出ない」という社会現象まで生み出してしまいました。

番組の最後に星占いのコーナーを作りましたが、これが偉い人たちを怒らせてしまい、「天下の公器であるテレビ番組が、人を惑わすまじないみたいなものをやるとは何事だ」と言われました。この番組は全国の地方局にネット放送されていましたが、それらの地方局からの苦情がキー局であるＴＢＳへ殺到したそうです。

そしてわたしは局長から呼び出され、「星占いをやめられないか」と言われました。わたしは「やめられません」と即答しました。

若手スターが日替わりで司会

――「ヤング７２０」を調べると、司会に関口宏さんとか由美かおるさん、大原麗子さんといった、今の若い人でも知っている方々を起用していますね。

最初は月・火が竹脇無我と小川知子、水・木が松山英太郎と由美かおる、金・土が関口宏と大原麗子という男女コンビの司会者でスタートしました。その後、メンバーはいろいろと入れ替わりましたが、司会者として起用した人たちを列挙すると、こんな感じです。

松山英太郎、関口宏、竹脇無我、由美かおる、大原麗子、小川知子、田辺靖雄、ジュディ・

オング、黒澤久雄、小山ルミ、北山修、大石吾朗、早瀬久美、目黒祐樹、岡崎友紀、土井まさる、岸ユキ、吉沢京子、岡田可愛。

当時は新人だった彼らの多くが、今ではベテランを超えて中核から古老になっています。ほかにも「ヤング720」を足場に有名になった人は多く、たとえばイラストレーターの横尾忠則や、写真家の篠山紀信も番組中のコーナーで登場して有名になりました。

これは「ヤング朝食会」というもので、横尾忠則と篠山紀信が朝食を食べながら好きなことを話すという若者の芸術討論会みたいなものでした。番組がスタートしてから一年後くらいに始めたものですが、若い人がオールドタイプの芸術をこき下ろすという内容でした。

そのほかに、脚本家としてまだ若かった向田邦子さんも参加していました。

——誰を起用するのかは、鵜飼さんが決めたんですか?

上からの指示というものはありませんから、全部自分で考えました。もちろん自分一人ではなく、ディレクターなどの制作スタッフとディスカッションをして、それから候補者と交渉しました。わたしは今でも、関口宏をＴＢＳ会館の下の喫茶店で口説いた時のことを覚えていますよ。

関口宏はその時、立教大学の学生でした。確か彼は、小学校から大学までずっと立教だったと思います。父親が俳優の佐野周二で、三年前にＮＥＴでドラマデビューしていたこともあり、こちらが番組の説明をすると、すぐに「じゃあ、やりましょう」と乗ってきました。

関口宏は当時から社会的な関心を広く持っていて、今話題になっているものが社会の中でどういう意味を持っているかといった話題に、キラリと光るセンスで対応する能力がありました。ひとことで言えば社会性のある芸能人でした。それがあったから、長く司会業で活躍できたのだと思います。

関口宏とは「ヤング720」の中で、一緒にヨーロッパ取材に行きました。パリのホテルで同じ部屋に泊まったのですが、わたしはいびきをかくものだから、「プロデューサーのいびきがうるさくて寝られない」と、文句を言われてしまいました。仕方がないから、「じゃあ、先に寝てください」と言って、本を読んだり、夜の街にふらふら出て行ったりして時間を潰したものです。

当時は珍しかった海外取材

――そのころの海外取材は、まだ珍しかったのではないですか？

それまでは海外取材なんてできなかったですからね。それができるとなると、スポンサーや制作が飛び付いてきました。資生堂提供の「女性専科」という情報番組では、一週間、現地の放送局と提携して、向こうの放送局の中継車でカメハメハ通りを走り、七本収録して帰ってきました。同行したのはこの番組の司会者として人気が急上昇していた、元NHKアナウンサーの野際陽子さんです。これは海外取材による娯楽番組のはしりになりました。

その翌年には、「アレキサンダー東征の道」という番組のために中近東一帯を取材しました。これは純粋な取材番組で、東京大学イラン・イラク遺跡調査団がチグリス・ユーフラテス川の上流に昔栄えた町があり、そこを発掘したいというので、番組にすることにしたものです。東大も調査費用が少しでもほしいので、テレビ局にその話を持ち込んできたわけです。

この取材では、半年近く現地に行っていました。バグダッドをスタートして、ヨルダン、レバノン、トルコ、シリアを回ってイランまで行って帰ってきました。この時の取材旅行を書いた本が『太陽と砂との対話』というもので、一九八三年（昭和五十八年）に出版することができました。これはわたしのテレビ制作の仕事の中では、ドキュメンタリーに一番近い仕事で、取材中にいろいろと写真も撮ったので、後に残る本にまとめることができたわけです。

――海外取材はハワイ、中東、ヨーロッパ、アメリカといろいろ行かれていますね。

戦後の高度経済成長期に海外ブームがにわかに始まったので、いろいろなところに行くことができました。わたしが足を入れなかったのは、アフリカと南アメリカだけです。

「モーニングジャンボ」の制作

「ヤング720」が成功して「朝の鵜飼」の名声を高めた後、わたしは夜の番組を手掛けるようになりました。

「土曜パートナー」という番組は、芥川也寸志さんという作曲家がパーソナリティーで、約五年間続きました。そのころ、「おはよう・にっぽん」がなくなってしまい、TBSはニュースショーを持たないテレビ局という不名誉な立場に立たされてしまいました。

そこで捲土重来ということで、ＴＢＳの名に恥じない番組を作ることになりました。局の総力をあげての企画です。そこに「朝の鵜飼」であるわたしに白羽の矢が立ったわけです。

そのころはテレビ局にも余裕がありましたから、わたしは企画の研究をするために、別室をひとつもらい、チーフディレクター兼プロデューサーみたいな立場で、元気のいいディレクターを三人くらい配下にして、毎日そこに出勤しては他のテレビ局の番組を研究していました。そんなことが半年から一年近く続いていたと思います。

その準備期間中に起きたのが、三島由紀夫の割腹事件です。朝、局に来たら「大変だ」ということで、大騒ぎになっていました。ただし、この事件はわたしの仕事には大きな関わりはありませんでした。

そして鳴り物入りで始まった「モーニングジャンボ」でしたが、大失敗に終わってしまいました。ライバル各局もあの手この手で強い番組を作るようになっていたので、思ったような視聴率を取ることができませんでした。

視聴率は「おはよう・にっぽん」ほど悪くはありませんでしたが、結局一年間しか放送されず、わたしは責任を取らされる形で降板させられました。行った先はまったく知識のないスポーツ部です。

リーフェンシュタール監督を取材

——スポーツ部では何をやったんですか？

わたしはスポーツのことはほとんどわかりませんし、懲罰人事で飛ばされたわけですから、すぐに第一線で働くことはできません。当時人気があったボウリング番組やキックボクシングの番組で、局の代表として優勝者にトロフィーを渡すような役をやらされていました。もうこの会社を辞めようかと最初に考えたのがこの時です。

ただ、局にもお情けみたいな気持ちがあったらしく、わたしにオリンピック取材をやらせてくれることになりました。わたしはそれで発奮して、クリエイティブなオリンピック番組を作ろうと、台本を作って作曲まで手配しました。

ところが、もうすぐドイツに出発するという時期になって、待ったが入りました。「スポンサーが、そういう番組は嫌だと言っている」というのです。そして、「もっとまともにスポーツそのものを報道する番組にしろ」と言われて、わたしの企画はボツにされてしまいました。

そんなわけでわたしの企画した番組はなくなってしまいましたが、現地に行ってオリンピックの事前の雰囲気を伝えるレポート番組の許可は出たため、わたしがドイツに行くことにはゴーサインが出ました。

ボツになったわたしの番組企画における一番の目玉は、レニ・リーフェンシュタールという著名な女流映画監督のインタビューです。リーフェンシュタールは一九三八年にドイツで制作されたベルリンオリンピックの記録映画『オリンピア』（日本では『民族の祭典』『美の祭典』二部作として有名）を撮った監督です。

彼女は一九〇二年の生まれで、ダンサーとして注目されていましたが膝を傷めてしまい、その道を断念。映画界に転身して、女優としてまずまずの成功を収めた後、映画監督として活躍を始めます。初の監督作品で主演も務めた『青の光』は、ヴェネツィア国際映画祭で銀賞を受賞、ヒトラーの注目を得るに至ります。

そしてヒトラーの依頼でニュルンベルク党大会の記録映画『信念の勝利』を監督し、次いで国際オリンピック委員会の依頼でベルリンオリンピックの記録映画『オリンピア』を制作します。『オリンピア』はヴェネツィア映画祭最高賞を受賞しました。

わたしは彼女が存命でミュンヘンに住んでることを突き止め、それを番組に入れようと考えてアポを取ったのでした。

しかし肝心の番組がボツになってしまったので、リーフェンシュタールの取材が宙に浮いてしまうことになりました。そこでわたしは、彼女の取材記を文藝春秋に売り込んで、月刊「文藝春秋」に掲載してもらうことにしました。文春に「こういう取材があるんだけど、じつは宙に浮いてるんだ」と話したら、ぜひ検討させてもらいたいから、記録を見せてほしいと言われ、取材した談話と映像を文春に持っていって、それが採用されたというわけです。

あの『民族の祭典』のリーフェンシュタール監督がまだ健在であるというのは、当時は非常にニュース価値があったらしく、朝日新聞がそのニュースをキャッチして、記事にしました。彼女は戦後、ナチスへの協力を責められて映画監督の地位を追われ、自分の技術を活かして写真家に転身、今度はアフリカのヌバ族のドキュメンタリー写真集を刊行しています。また、七十歳を超えてから水中ダイビングのライセンスを取得し、みずから潜水して撮影した映画『ワンダー・アンダー・ウォーター　原色の海』を監督したりしていました。この映画を監督したのは、なんと彼女が百歳の時です。後日談になりますが、リーフェンシュタール監督は、二〇〇三年に百一歳で亡くなっています。

わたしはそんな彼女をミュンヘンの自宅へ行って取材し、それが文章になって月刊「文藝春秋」に掲載されました。本当はテレビ番組のための取材のはずでしたが、「テレビで使ってくれないんだから、しょうがないよ」というのが、当時のわたしの言い分でした。

その時の月刊文春の編集長は、田中健五という東大独文の先輩でした。先輩であることを知っていて売り込んだわけではなかったのですが、そんな縁があることは後で知りました。リーフェンシュタールの記事が載った号は、かなりの話題になりました。

報道制作部にカムバック

――スポーツ局に異動になった一年後に報道制作部に戻っていますね。これはどういう経緯ですか？

わかりやすく言えば、「こいつはまだ使えるんじゃないか」みたいなことを考える人が上にいて、管理職にして報道制作部で優遇してやれば、きっと働くだろうということで戻したわけです。

報道制作という部署は、芸能とニュースの間の番組をやるところです。わたしはそこの管理職になりましたから、直接番組を作る仕事は少なくなりましたが、そこで現場サイドに立って、少しでもいい番組を作ろうと思っていました。

しかし、いざ管理職になってみると想像以上に仕事がやりにくいんですね。上と下との板挟みになって、思うように仕事がはかどりません。

もうひとつ、仕事をやりにくくしたのは、テレビが全盛時代を過ぎて、やや落ち目になってきたことです。とにかく二言目には「視聴率」と言われるし、お金のことで苦しむこととなりました。

わたしがＮＨＫではなく民放を選んだ理由は、民放は政府の権力とは関係がないところで番組を作る、つまり純粋に財力だけでスポンサーと一緒に好きな番組を作れるということでした。

しかし、経験を積めば積むほど、お金というものの怖さがわかってきました。そして資本家、スポンサーというものの正体が見えてきました。「スポンサーと一緒になっていい番組を企画して作る」なんてことはある意味夢物語、理想郷の話であることがわかってきたわけです。

それでも、テレビ局に余裕がある時代は、いい番組にはいいスポンサーが付くという、ある種理想的な関係が成立していました。その時代は、スポンサーも控え目に「ご視聴ありがとうございました」という態度だったものです。

それが次第に資本家の論理剥き出しになり、「金を出したんだから、俺の言ってる通りにやらなければおかしいじゃないか」という態度が見え見えになってきました。

そんな中でわたしが作っていたのが「テレビルポルタージュ」という番組ですが、これは報道制作部の副部長になってから担当したものです。全国ネットの各局が取材したものを、まとめて放送する週一の番組でした。しかし、ものを作るのが大好きなわたしの気持ちを満足するような仕事ではありませんでした。

ＴＢＳを退職、舞踊の世界へ

わたしがＴＢＳを辞めたのは、一九七九年（昭和五十四年）です。わたしは四十九歳になっていました。

辞める前には数年間、並行して次の仕事である舞踊の世界に足を踏み入れていました。辞める前年にはキューービックの第一回公演をやっていましたし、それに関わる形で、管理職の一員としてロシアに出張もしていました。

わたしのバレエへの興味は、昔からのものではなく、放送局がらみで出てきた接点から生まれたものです。「これからやるのなら現代舞踊だ」という気持ちがいつしか生まれてきて、ものを書くのが好きだったので、現代舞踊の台本を何本か書いていました。

そんなわけで、ＴＢＳを退職するまでの三、四年間は、次の舞踊に飛躍するための並行期間であったといえます。

自分の中で「テレビ局を辞めて次は何をするのか」と自問自答した結果、「お金にはならないかもしれないけれど、踊りの世界には熱中できる」という答えを得ていたので、すぐにそっちに入りこんだわけです。

第三ステージ

ダニエル・ナグリン　来日公演時のスナップ

音と肉体のルーツ「熱帯の食欲」

公演を前にキュービックの稽古風景

古典を換骨奪胎した「体育館のペトルーシュカ」

八十年代をダンスひと筋に打ち込む

―ＴＢＳを退職して、いよいよ舞踊の世界で活躍するわけですね。

テレビ局を辞めたら、いきなり無収入になったわけです。不安はないかと言えば、少しはありましたが、芸術の世界はお金だけが目的だったら何もできません。

まずはじめにやったことは、仲間でグループを作り、踊りの世界にウェイトを置いた人生を設計してみたことです。具体的には、テレビ番組の制作で知り合った三輝容子さんと組んで、三輝さんが振り付け、わたしが台本と演出という役割で、今までにない空間の新しい舞踊作品を作り始めました。「ダンス・シアター・キューービック」という組織の誕生です。

その「宣言と成果」の一文が残っていますので、お目にかけましょう。

＊　＊　＊

「ダンス・シアター・キュービック」は一九七七年（昭和五十二年）八月、現代舞踊を中心とする我が国舞台芸術界の改革的有志によって結成され、ほぼ一年に一回の割合で、それまでにない斬新な舞台作品を打ち出し、発表して来た。

その意図するところは、芸術諸ジャンル間の境界を意識的撤去し、それらを止揚総合することによって、現代芸術としての舞台作品に、いまいちど失われつつある原初のエネルギーと劇場性を回復せんとした点にある。

そもそも十九世紀中葉、いわゆる明治開国を機に、一斉に我が国へ輸入された西洋の舞台芸術―オペラ、バレエ、ミュージカル、マイム、新劇等々は、その後、茶道、華道、日本舞踊の家元制度などにみられる党派的排外主義と、奥儀伝授の閉鎖的体質から、たちまちのうちに舞踊は舞踊、歌唱は歌唱、器楽は器楽と、それぞれのジャンル別に技能を磨き発展を遂げてきた。

その結果、せっかく新たな刺激として入って来た欧米芸術も、そのトータルな精神と生命力を失い、創造性の欠落や時代感覚の喪失など、憂うべきマイナス面を露呈する結果となった。

このことは舞踊の世界においても同様で、明治の末期に来日した（一九一一年）イタリア生まれの振付家G・V・ローシーたちによって伝えられたバレエ、そしてその後たゆまざる努力を重ねて来た我が国モダン・ダンス界の数多くの先達たちの労苦にも拘わらず、ぬきがたい様式化といたずらに技術のみを競いあうある種の凋落現象を将来したかに思われる。

そこで「ダンス・シアター・キュービック」は、その発足にあたり、この危機意識の相互確認を第一条にかかげるとともに、実践面においてはトータルアピール展の副称が示唆するように、現代舞踊を中核に据えながら、あらゆる芸術ジャンルの魅力を意欲的に取り込み、真に創造性豊かなトータルワークを、その全十三回に亘る舞台作品を通して世に問うた、真に魅力あふれる、ユニークな前衛集団であったと言えるだろう。

＊　＊　＊

ダンス・シアター・キュービックの足跡

ダンス・シアター・キュービックでは、ほぼ毎年一本作品を作って、劇場にかけてきました。

当時の記録がありますので、列記してみます。

「ダンス・シアター・キュービック」公演記録（一九七八〜一九九〇年）
振付：三輝容子／台本・演出：日下四郎／美術：前田哲彦

☆第一回
〈音と肉体のルーツを探る〉
「熱帯の食欲」「タンブーコ」「じんじく」
一九七八年二月十日　中野サンプラザ

☆第二回
〈ドラマと舞踊のクロッシング・オーバー〉
「新・七つの大罪」

一九七八年九月十二、十三日　草月会館ホール

☆第三回
〈文楽とモダン・ダンスの競演〉
「ジ・アビス（深淵）」
一九八〇年二月二十八日　新宿文化センター

☆第四回
〈日本舞踊とバレエの一元化〉
「信田の森の物語」
一九八一年三月十六日　郵便貯金ホール

☆第五回

〈ビデオとダンスのコンバイン・パフォーマンス〉
「地球は汗をかいている…」
一九八二年三月十二日　郵便貯金ホール

☆第六回
〈オペラ＋ダンス　フュージョン・ワーク〉
「影のない女」
一九八三年二月二十八日　新宿文化センター

☆第七回
〈落語を現代舞踊に生かす試み二つ〉
「じゅげーむ（寿限無）」「死神白書」
一九八四年二月十四日　郵便貯金ホール

☆第八回
〈交錯する能とダンスの魄〉
「新・生田川」
一九八四年六月四日　郵便貯金ホール

☆第九回
〈ダンス・エ・パロール＋E・サテイ〉
「奇妙なボンネット」
一九八五年六月二十七日　郵便貯金ホール

☆第十回
〈古典世界への全挑戦〉

「体育館のペトルーシュカ」
一九八六年六月十九日　郵便貯金ホール

☆第十一回
〈舞踊と狂言〉
「わわしい女たち」ほか
一九八七年九月二日　郵便貯金ホール

☆第十二回
〈舞踊と前衛〉
「Uターン」ほか
一九八八年九月三十日　郵便貯金ホール

☆第十三回

〈舞踊と古典文学〉

「虫めづる姫君」

一九九〇年二月十五日　郵便貯金ホール

―よくこれほどの大きなイベントが、毎年開催できましたね。

その頃は今から考えると、日本が一番経済的に力を持っていた時期です。日本人の中産階級が一番ふくらんだ時期とも言えます。戦後復興が一段落して、まだそれほど貧富の差も激しくなく、芸術にも助成金が出るといった社会の余裕が見られました。

ある意味では、日本の好景気に支えられて助成金を貰うことができたから、十年間続けることができたとも言えます。

シドニー公演

――キュービックの第一回公演が一九七八年ですが、その二年後にはオーストラリアのシドニーで海外公演を実施していますね。

国内で芸術活動をしていると、「国内だけじゃなくて外国にも行ってやりたい」という機運が盛り上がってくるものです。だからモダン・ダンスの海外公演は、キュービックだけが取った勲章というわけではないんですよ。

そこで無視できないのは、日本の**舞踏**（「ブトー」）を世界に広めた大野一雄さんと土方巽さんです。舞踏というのは身体の中で燃焼しているものを外に出すような表現で、いかにも日本人的なものです。ノンソシアルというか、アンチソシアルな、ちょっと神がかったような雰囲気がヨーロッパ文化にはないため、人気を博しました。

ヨーロッパの舞踊文化というと、例えばバレエなどでは大勢の人を相手に奇麗なものを見せることで、ソシアルリレーションを作る部分があります。しかし日本の舞踏はそういう要素がなくて、肉体の中に潜り込んでしまうような表現だということで、ヨーロッパで大もてしました。

だから日本のダンスの海外公演ということで言えば、そっちのほうが先輩です。日本の舞踏がすでにヨーロッパに出ていたので、キュービックが日本のダンスの海外公演を開拓したとは言えません。

――でも、海外公演は誰にでもできるわけじゃないですよね。単に海外に行くだけではなくて、現地でお客さんも入れなければ興行が成り立ちません。

それは、現地にある程度のお膳立てをしてくれるエージェントがあったんです。あらかじめ現地の連絡を取って、これなら行けますという情報もあって、それで行ったというわけです。何もわからない状態で、いきなり行ってできるものではありませんからね。公演はシドニーの有名なオペラハウスでやりました。

――当時の印象深いエピソードとかはありますか？

もうそろそろ日本人が海外に行って何かやるということが珍しくなくなってきていましたね。それでも海外公演をやって帰ってきたら、新聞の演芸欄などに記事が出たのは覚えています。

やっぱり海外へ行って自分たちの作品、自分たちの身体でぶつけてみたいという気持ちは持っていましたから、そういうチャンスをつかんだということだったと思います。

舞踊についての基本的なあれこれ

――ここで基礎的なことをお聞きしたいのですが、舞踊という舞台は身体で表現をするので、言葉での表現はありませんよね？

言葉はほとんどありませんが聴覚領域としての音楽はあります。基本的には身体による表現が中心ですが、芸術作品ですから、トータルに何を表現しているのかが最後には問題になるわけです。

——公演のもとになっている原作とかは、あるんですか？

基本的に原作はありません。種になるものはある場合もありますが、それはきっかけとなるスプリングボードみたいなもので、例えば「体育館のペトルーシュカ」という作品の場合は、ロシアン・バレエの「ペトルーシュカ」という作品が下敷きになっています。

これはストラヴィンスキーがバレエ音楽として作曲したもので、ロシア版のピノキオみたいな物語です。魔術師に命を吹き込まれたパペットのペトルーシュカがバレリーナの人形に恋をして、恋敵に殺されてしまうという話なのですが、キュービックの「体育館のペトルーシュカ」では、主人公を体育館のスポーツマンに置き換えています。

そういう内容の話を考えて、わたしが台本を書いたり演出をしたりしたわけですが、そういう流れで作品が出来上がっていきます。

「地球は汗をかいている…」では、当時出てきたばかりのビデオを利用しました。ビデオが普及し始めたので、それを活かした作品を作ろうと思い、舞台の空間の中にビデオの映像を映し出して地球がいろいろな出来事で苦しんでいるということを画像的に表現しました。それに踊りが絡んでいるという作品です。

「虫めづる姫君」は、平安時代の日本の古典文学です。短編小説集『堤中納言物語』の中の一話で、平安の宮廷婦人が当然守らなければならなかった振る舞いを片端から破ってしまう女性の物語です。

その時代設定を今の時代にもってきて、ひとりの男が虫の中に紛れ込んでなんかいろいろやってみたら、自分が孤立した人間になっていて、まわりの社会と断絶していたという形にしました。

それは一種のパロディともいえます。言葉のない舞台で古典作品を作り直したようなものです。このように、題材にできる素材はいろいろあります。それを選んで「これをやろう」と提案するのがわたしで、それをストーリー性のある台本に移し替え、動きとしての振り付けを三輝さんにお願いします。並行して空間全体の効果をさまざま考慮していくのが、最後に残された演出家としてのわたしの役割です。

――舞台の上ではセリフがなくて、身体の動きで世界観を表現するわけですね。では鑑賞する側はアーティストの思いをどうやって感じ取るのでしょうか。何かヒントになるような紹介はあるのでしょうか。

あるとすれば、プログラムに載っていることくらいですかね。「この舞台は、こういうことを表現しています」というようなものです。ですが、それを突き詰めて言葉で説明してしまえばそれは蛇足です。演出家の立場から言うと、それがなければわからないのでは困るんですよ。

アートだからわかる人もいればわからない人もいるといえばそれまでですが、「ああおもしろかった」というただの娯楽ではなくて、「なるほど、こういうことを訴えているんだな」ということをある程度感じてもらえなければ、オリジナルなものをやっている意味もないし、本当の意味で現代舞踊の狙っているものに届いていないということになるわけです。そして考えてみれば喜怒哀楽、そしてからだほど直截かつ強烈に感情を表現する芸術素材は他にないとも言えるでしょう。

――一般人としては、バレエの「白鳥の湖」とかは、動きと音できれいだと思います。しかし、予備知識として「ここではこういう場面が描かれています」ということが前もってわかっていれば、もっと理解が深まると思います。でも、何の知識もない人間がただ見ていたら、やっぱりわかりにくいですよね。

それはそうです。古典と現代芸術の違いはそこにあって、例えば日本の場合でいえば歌舞伎や日本舞踊は、基本的な知識がある人とない人では受けとるものがまるで違うでしょう。だから古典の場合は、基本的な知識や素養のあることが前提というか、常識あるいは条件みたいになっているわけです。

——では古典ではなくオリジナリティあふれる現代舞踊の作品の場合は、予備知識なしでその場で自分なりに感じ取らなければなりませんね。

そうです。それでいいのです。ですからなるべく多くの人に感じ取ってもらいたいから、プログラムには鑑賞の助けになるようなことをそれなりになにがし書いていますよ。しかしそれが何であるかは、見終わったその人その人の感動が、結論としてそこに残ればいいわけです。

そもそもわたくしたちが「キュービック（Cubic）」――立体的と命名したこの運動の基本には、〝身体〟を基本の素材としながら、そこへあらゆる可能な表現媒体をもちこむことで、舞台空間を何倍もの魅力ある鑑賞対象へ引き上げたいという意思が働いていたというわけです。

――なるほど……。

ですからキュービックの場合は、全十三回のプログラムすべてにテーマがありました。一回目は「音と踊り」、二回目は「七つの大罪」といったように。プログラムの演出ノートには、そういうことをいちいち書いていました。

――一作品一年がかりの舞台ですが、稽古はどこで？

場所はいろいろですね。新宿文化ホールなんかを借りてやったことも多かったと思います。あそこはちょっと安かったので。

――公演までのスケジュールはどんな感じですか？

題材が決まったら、台本です。それはわたしの仕事ですが、書くのに一か月やそこらはかかります。それが完成したらスタッフで検討して、誰をキャスティングするかを決めます。これは相手のあることなので、やはり一か月くらいかかります。

キャストが決まったら、稽古場を用意したりなど進行のための次のアレンジが必要です。稽古は一回で済むものではないので、だいたい三か月くらいかかりますね。

音楽がオリジナルの場合は、作曲家に一から作ってもらう必要があるので、依頼から完成までにやはり何か月かはかかります。そんなこんなで、あっという間に本番直前になるわけです。

――チケットの販売も同時並行ですか？

それは結構、出演者がやってくれたりします。出演料を出す代わりにチケットをある程度持ってもらうので、売れば儲けになるから。

――予算管理はどなたのお仕事ですか？

わたしは会計がもともと苦手だから、得意な人に担当してもらって、必要なことだけをメールで知らせてもらっていました。助成金をもらっている関係で、細かい書類が必要なのですが、それは専門家に任せていました。

――プログラムを見ると広告が付いていますね。

お金はいくらあっても足りないので、広告はいろいろと声をかけました。わたしが取ってきた広告もいくつかあったと思います。

ひとつの作品に一年かかるのは当たり前

―お話を聞いていると、一年があっという間に過ぎてしまいますね。

いろんなテーマ、音と身体、聖書物語の現代版、落語のようなお笑いネタから長唄・浄瑠璃の心中ものまで、盛りだくさんの素材に挑戦しました。それらを身体という最も身近で直截な表現素材にもう一度移し替え、さまざまな伝説のパロディを生み出したり、あるいはオペラやクラシック・バレエなど他ジャンルの作品を新解釈のもとに問い直すなど、ある時はビデオという新しいメディアが出てきた時点で、それを取り込んだ空間舞台を考案するなど、何らかの形でダンスと結び付けて新鮮な企画を考えます。

そこから作品を作り上げ、人間の動かし方を見ながら演出を考えるのです。劇場芸術の基本を知っている人なら当然のことですが、知らない人から見ると、なかなかに時間がかかっています。知らない人は、案外簡単にできると思っているんですがね。でも、ひとつの作品に一年かかるのは当たり前です。古典ものだって二、三か月かけないとはっきりした形にはなりませんから。

アートというのは、そもそも無からは出てこないものです。必ず手がかりというものがあって、それとの関わりをどうするかが大切です。

例えば、ここに粘土があっても、粘土だけではアートになりません。粘土をどういうふうにこね回して形にしていくかで、それがアートになるわけです。

それと同じで、無からではなくて何かの手がかりをいかに表現して作り上げるかというところに、芸術の存在が初めて顔を出してくるわけです。

だからそういうルートというかアートの発生を、一年一回の劇場運動に縮めてやりつづけたのがわたしたちの活動です。ちょっと偉そうに言えばそういうことです。

キュービックの終焉

―キュービックの公演は十三回目で終わりました。終わった理由は何かありますか?

わたしがちょうど六十歳のときに最後の公演を迎えました。九十年代に入って、急に不況になったのが一番の原因です。いわゆるバブルが弾けたということです。そのために助成金もぐんと減らされてしまいました。

また、演出と振り付けの間に確執が生じたこともありました。わたしは台本と演出を担当していましたが、振り付けは役割が違います。舞踊の場合は演出と振り付けが一心同体になって、打てば響くみたいな呼吸の一致をみると、良い作品が生まれてきます。

ところが不況のこともあって、それをカバーしようとして文化庁に出入りをしていたのが振り付けの三輝容子さんでしたが、彼女がそちらに多くウェイトをかけたために、作品のことを考える時間が減ってしまいました。

また、彼女自身が現代舞踊協会の理事長に推薦されてしまい、忙しくなってしまいました。そんなこともあって「もう解散しましょう」ということになったわけです。

何かトラブルが起きたわけではなく、その前に自主的に解散したんです。もともと現代舞踊の公演が儲かるはずはないのですが、それまでは雑文を書いたり、別のグループの演出をしたりして、わたし自身も何とか続けるための努力はしていました。

ところで、最終公演は十三回目だったのですが、テレビの人間からすると「十三回」というのは面白い数字です。別にキリスト教の縁起の悪い数字とは関係なくて、十三週はワンクールなんです。一年は五十二週ですから、その四分の一が十三週。ひとつの番組はふつうワンクールはやるものですから、スタート前なら「見込み」、番組進行中なら「目標」、終わったら「実績」みたいなことで、「十三回」というのはすごく気になる数字です。

その数字が最終回だったというのは、テレビに携わった人間としてはある種、感慨無量なものがありますね。

大学の非常勤講師となる

――キュービックの大型公演がなくなってからは、大学の講師として二つの大学で教えていらっしゃいますが、それはどのようなきっかけで？

一九九一年（平成三年）に淑徳短期大学の非常勤講師になり、一九九八年（平成十年）に日本女子体育大学大学院の非常勤講師になりました。日本女子体育大学との縁は、舞踊のトップリーダーであった江口隆哉さんが教授をしていたことからつながっています。江口さんは一九四八年から教え始め、一九七七年に亡くなっていますが、そのお弟子さんの金井芙三枝さんが跡を継いで教授をやっていました。

その金井さんが教授から退くということで、代わりに私に講師をやってくれないかという話が来たわけです。


大学の先生になろうと思ったのは、踊りの定期興行をやめたことで時間ができたというのが大きいですね。その時間を使って教えながら、わたしも勉強しようと考えたわけです。新劇やモダン・ダンスはまだ新しくて、自分で開拓していくような歴史しかありませんから、やりがいがありましたよ。

といっても、日本の場合、半分は新劇史です。帝国劇場が完成してから、あの場所で西欧渡来の舞台芸術が上演され、そこから新劇運動が派生してきたわけです。新劇運動は築地小劇場を基盤に、ダンスでいえばちょうど現代舞踊に当たるものが演劇の世界の新劇だったわけです。

日本には歴史のある歌舞伎や能の舞台がありましたが、新しく近代のテーマを扱える作品をやるとなると、新劇しかありません。その運動が築地小劇場というところで起きたわけです。しかし、そういう流れを講義にまとめようとすると、とにかく資料が足りません。例えば、どうして日本に現代舞踊が入ってきたかといったことも、ちゃんとまとめられた資料がなかなか見つからないのです。

そこで自分でそういったことをまとめて書いたのが『現代舞踊がみえてくる』という本です。そのほかビデオで全六巻か七巻にまとめた資料も作りました。現在のようにネットで簡単に動画などが集められる時代ではありませんでしたから、我ながら結構な労作だったと思います。ただ、映像資料は権利関係が複雑なため、せっかくまとめたものを市販することが簡単にはできませんでした。制作にあたった現代舞踊協会も、がんばってある程度無理したお金を出してわたしに作らせたのに、元が取れなくて残念だったと思います。

このビデオ作品は、ナレーションの台本もわたしが書きました。学校で教えながら資料を収集し、いろいろな調査を行い、ナレーションなどの台本まで書くというのは、なかなか大変な作業でした。半面思わぬ発見と新しい勉強にもつながりますがね。まあ、自分の人生を振り返ってみると、いつも全力というか、追われるようにして何かをやることの連続でしたね。

ヨーロッパ現代舞踊の歴史

日本女子体育大学はダンスを非常に大事にしている学校で、講義の中にもそれを取り入れていました。江口隆哉さんやお弟子さんの金井芙三枝さんを早くから招聘して教授にしているということでも明らかだと思います。

わたしはそこで、主として現代舞踊の歴史を調べ、まとめていきました。たとえば、ルドルフ・フォン・ラバンというハンガリー出身のダンサーは、ヨーロッパにおけるモダン・ダンスのパイオニアの一人ですが、その自伝は日本では翻訳もされず、世の中に出ていませんでした。彼はドイツにおける「表現主義ダンスの創始者」と言われていて、「ラバン身体表現理論」の構築や「ラバン式舞踊譜」といったダンス理論で多くの業跡を残している人です。

そこでわたしがラバンの自伝を翻訳して出版業者の大修館に持っていき、ようやく世に出すことができました。あの本は、現代舞踊に関係する人であれば、知っていなければならないもののひとつでしたから、その日本語訳をやったということで、舞踊の歴史にひとつの貢献ができたとひそかに自負しています。

ヨーロッパの舞踊の歴史をみていくと、ドイツで起きた「ドイツ表現主義」という一大芸術運動を無視することはできません。これは感情表現を中心とする芸術表現の手法で、当時他のヨーロッパの国々で盛んであった印象派の対極をなすものです。美術、音楽、文学、演劇、映像、建築など、さまざまな分野の芸術に影響を与えました。

それまでヨーロッパの文化の中心はラテン系のフランスにありましたが、それは印象派に代表されるように、物事の外面的な特徴を描写することを主としていました。それに対してヨーロッパの東半分を占めるゲルマン系の文化は、気候の影響もあるためか、抽象性が全面に出てくる傾向がいつもあります。

そのため表現主義芸術は、何かを写実的にきれいに描写するのではなくて、何を表現しようとしてるのかを主題にします。これは踊りの世界でもそのままで、バレエというのは見てきれいですから、とにかくみんな美しい。しかしそれは、今の社会や今の生活としっかりした関係を持っていません。見ること自体が目的であり慰めであるのです。

でも美しいだけで幸せだというなら、それはそれでいいのでしょうが、現代のアートとしてやるには、バレエには欠けてる部分があることは否めません。それで必然的に表現主義芸術が生まれてくるわけです。

表現主義という言葉に込められている主観性などは、ゲルマンの特色であり、芸術の近代化の要素の一つです。

ついでにバレエの歴史にも触れておくと、バレエの一番の大元は、遡ればイタリアのルネサンス期になります。お金持ちが踊りにいろいろと手を加え、バレエ芸術の基本はイタリアで完成します。それをフランスに持ち込んで、フランスのルイ王朝が育てたというわけです。

その一部がロシアに移動し、ロマノフ王朝が大事にしたために、ロシアで古典としてのバレエが育ちました。

このように、踊りの歴史を見るだけでも、近代性とか古典への反発とか、いろいろな動きがあります。わたしは学校で教えながら、そういう部分の面白さに惹かれていきました。ラバンの翻訳は、そういうことの一環で手掛けた仕事です。

そんなわけで一九九〇年代は大学の先生をやりながら、自分でも研究や翻訳などをやって、多少アカデミズムの一角に触れた時代となりました。しかし肝心の学生がなかなか付いてきてくれなくて、ドイツ語の教材で面白いものを見つけたから、これを授業に使おうと思っても、ドイツ語のできる学生なんて一人もいません。あわてて英語の教材を探して誤魔化したりなんかしていました。

東京大学学生演劇七十五年史

――一九九七年に『東京大学・学生演劇七十五年史：岡田嘉子から野田秀樹まで　一九一九〜一九九四』という本を編著者としてまとめていますね。

これは東大の演劇同窓生のグループが、自分たちの足跡をまとめようということになって、前にも名前が出ていたドイツ文学の岩淵さんが中心になって、なんとなくわたしがやることになってしまいました。それでいろいろな資料を集めたりして作ったものです。

資料としては、当時のプログラムなどをできる限り集めました。東京大学の演劇部は、遡ると森鴎外まで行ってしまいます。この本の副題には「岡田嘉子から野田秀樹まで」とありますが、大体演劇をやった人は思想的に左翼かぶれが多いんですね。岡田さんはソ連の社会主義に憧れて、日本を出てソ連に行った人です。当時はものすごく話題になりましたね。そういう人の時代から今の野田秀樹までが収録されているわけです。

当時は思想的、政治的な事件がいろいろあって、中でも有名なのが「ポポロ事件」です。いまだに東大の演劇部というとポポロ事件を連想する人がいるくらいです。ちなみに、ポポロというのはイタリア語でピープルのことです。

当時、ポポロと名乗っていたグループはいくつもありました。その中でも左翼的な演劇集団が、ポポロ事件を起こしました。芝居をやっている最中に警察が入ってきて、「この中にとんでもないやつがいる」ということで大騒ぎになりました。それで出ていけ、出て行かない、俺じゃないなんていうことで揉めてしまい、演劇のことに留まらずに東大全体の大問題になってしまいました。

当時、東大の演劇は早稲田の演劇や慶應の演劇と比べれば、比較的政治活動は話題にならなかったのですが、この事件のおかげで「東大の演劇といえばポポロ事件」ということになってしまいました。

しかし、ポポロ事件のことは東大史やいろいろな雑誌を見ると必ず出てくるのに、東大の演劇資料に関しては何も残っていません。そこでわたしは頑張って、いろいろと調べて回りました。いろいろな人の協力も得て資料を集め、数年以上かけてまとめたのがその本です。東大演劇同窓会の副産物として、満足できる内容になったと思っています。

まあ時間があったからできたようなものです。作るには資金も必要ですが、それは仲間から集めたりしました。最終的には清水書院というちゃんとした出版社から出すことができました。手間がかかって部数が少なかったので、七千円という結構なお値段にはなってしまいましたが。今でも地方の古本屋さんでいい値段で出ていると思います。

——ちなみに今でも東大の学生演劇は続いているんですか？

今の東大の学生演劇は野田秀樹の例じゃないけど、独立した個々のアクターズ・グループという形が多いのではないでしょうか。東大の演劇部という看板でやっているところはないかもしれません。もっとバラバラの形でやっていますね。野田秀樹あたりから、すでにそういう匂いがありましたから。

舞踊評論家としての人生

—そして評論家活動、作家活動に入るわけですね。

二十一世紀に入ってからは、純粋に評論家みたいな立場で物書きとして活動するようになりました。主戦場は踊りの世界ですが、昔のテレビ時代に培ったジャーナリズムや市民性を踏まえた評論活動を十年くらい続けてきました。

わたしにとって忘れられない言葉は、小林秀雄のものです。彼は戦前から戦後にかけての文芸評論家で、わたしはこの人に少なからず強い影響を受けました。

彼は「逃げようったって生活はどこまでも追いかけてくるよ」と言っています。ものを作る人は、往々にして生活に追われて時間はない、金もないみたいな状態になりがちですが、そこから逃れようとしていくら頑張っても、結局生活はどこまでも追いかけてくるということです。これはわたしにとって、本当に実感のこもった言葉でした。


そういう思いがあるので、生活にかまけて時間と労力を費やすのはバカバカしいという気持ちはわたしのどこかにあります。だから、その分のエネルギーをできるだけクリエイティブなところに使ってきました。

そのために、わたしは社会主義者にもならなかったし、思想的には左翼的かもしれないけれど、左翼運動は一切しませんでした。そういう意味では、それができたということはラッキーだったといえます。そういう時代だったからです。

しかし、これから先はわかりません。そんな生き方がこれからの世の中でうまくいくかどうかは未知数です。戦後、軍国主義がひっくり返った後に、まったく反対の世界で自らの趣向と信念をフォローしてこられたのには、やはり運不運があると思います。

——二〇〇〇年代になると、著書の出版が増えてきますね。ダンスエッセイの『ダンスの窓から』が二〇〇三年、『さすが舞踊、されど舞踊』が二〇〇五年、翻訳の『ルドルフ・ラバン』が二〇〇七年、『続・ダンスの窓から』が二〇〇九年。

わたしの処女出版は一九七六年の『モダン・ダンス出航』（日下四郎名義）です。その後が一九八三年の『太陽と砂との対話』ですね。ＴＢＳ時代の海外ロケをまとめたドキュメンタリーになります。ＴＢＳの報道制作部長に就任した年に、もうダンスの本を出していることになります。

――シナリオを書いたりしていたから、書くのはお得意だったのですか？

まあ小さい時から書くことは嫌いじゃなかったですね。それがずっと続いてきたというわけで。まあ言ってみればそれが一切です。ラッキーでした。

あとがき

この本をまとめるにあたって自分の人生を振り返ってみると、わたしが元気で活躍していた時代は日本の社会が一番安定していた時期といえる。所得が右肩上がりだったから、世の中に余裕があったということもあるが、クリエイティブなものをやるには最高の時期だったのではないか。

わたしはものを作ることに喜びや意欲を強く感じる性格で、逆にそれが駄目になると、わがままが出て目の前のものをご破算にしたくなる。そんなことで二度三度飛び出して転業した。振り返ればそういう人生だったということだ。

本書のタイトルである「人生の踊り場」というのは、そういうわたしの人生を象徴した言葉だ。まあ最初のテレビ局に入ったのは偶然といえば偶然だが、そこがものを作る現場だから入った。入れば社会の中だからいろいろな問題がある。そこで戦っていくのが人間の人生だと思う。

要するにクリエイティブな世界で生きている人はどこかわがままだし、どこか未完成、中途半端な、まだ人間としてできてないところがあるに違いない。

八十四歳の時に断筆宣言をしたが、それは自分で自分が納得するだけの一〇〇パーセントの成果を得られるという絶対的な確信がなくなったためだ。中途半端なことはやりたくないし、どこかで区切りをつけないと、ずるずるとみっともないことになってしまう。

そうして書くのを止めたら、二年後に女房があの世に行ってしまった。それで自宅を売却し、マンション住まいを始めた。

小林秀雄の言う「生活はどこまでも追いかけてくる」という言葉は、今でも実感して持っている。だから何歳になっても生活だけにかまける人生にはしたくない。そうなったら終わりだと思うからだ。とにかく、横たわって人の世話になるのだけは何とか避けたいと思って生きている。

考えてみれば、わたしと同時にスタートした人が、オーバーに言えば今はもう一人もいない。特に批評文筆は、文字の世界だから書くだけでいいみたいに思うかもしれないけれど、書くためには劇場を追いかけていかなければならない。だから体力的なものが前提としてあるわけだ。そういうものに不自由を感じるようになったら、やはり満足したものを書くことはできない。

そういうことで今も生きているが、これからの抱負みたいなものは何もない。ただ冥土の土産と銘打って、九十歳の卆寿記念に『市民と芸術』の二巻本を刊行して、それで終わりと思ったのだが、そこから派生する仕事ができてきてしまった。そうすると別に欲があるわけではないが、本書を含めて一応形になったものを見届けるまでは生きていたいと思うようになった。

そんなことだから、自分が死んだ後のことは知っちゃいないが、一応の予測はしている。そもそも芸術と呼ばれる人間の営為は、大原則として社会に余裕がないと良いものが生まれない。バレエがフランスであれだけ発達したのは、ルイ王朝のバックアップがあったからだ。つまりアートとは贅沢なもので、余裕がないと生まれない。そして人間の日常じゃない、追いかけてくる生活とは切り離したもの、非日常の次元で生まれくるものでありながら、しかもそこにしかと人間の足跡がしるされているもの、それが芸術だとわたしは思う。したがって、個人としての人間が便利で豊かになればいい、お金があればいいみたいな風潮は、芸術の進歩から見ると逆風となる。自分さえ良ければいいという考えでは、社会には芸術を生み出す余裕など決して生まれないからだ。

大震災の後の原発事故、正体のよくわからない伝染病、国連常任理事国の軍事侵略など、これからの世の中は明るくないかもしれない。しかし、一人一人が自分自身でしっかり考えて将来に向けての決断をしていけば、まだ残された可能性はあると思う。和を以て貴しとなすの後に、和して同ぜずという姿勢を、多くの人がしっかりと持っていただきたい。そうしないと、芸術を味わう世の中が維持できないと思うからだ。

二〇二二年吉日

鵜飼宏明

著者略歴

鵜飼　宏明（うかい・ひろあき）

１９３０年　京都市に生まれる
１９４８年　旧制第三高等学校文科丙（フランス語科）を修了
１９５３年　新制東京大学第１期生として文学部ドイツ文学科を卒業
経歴：放送　ＪＯＫＲ（ラジオ）からＴＢＳテレビで番組制作　～１９７９年
　　舞台　DANCE THEATER CUBIC で創作活動　台本＆演出　～１９９１年
　　教職　淑徳短期大学／日本女子体育大学の非常勤講師　１９９７年～２０００年
　　評論　現代舞踊を中心とする創作作品の批評と審査　～２０１３年
以下ダンス関係の仕事にはペンネーム日下四郎（くさかしろう）を用いた。

【主な著作と作品】

●鵜飼宏明名の著作

『太陽と砂との対話：西アジアのシルクロード』（１９８３　里文出版）

『東京大学・学生演劇七十五年史：岡田嘉子から野田秀樹まで』（１９９７　清水書院）

『さすが舞踊、されど舞踊』（２００５　文芸社）

『ナナとジャン　上・下』（２０１６　青風社）

『市民と芸術　ジャーナル編』（２０２０　22世紀アート）

●日下四郎名の著作

『モダンダンス出航』（１９７６　木耳社）

『竹久夢二の淡き女たち』（１９９４　近代文芸社）

『現代舞踊がみえてくる』（１９９７　沖積舎）

シリーズ『ダンスの窓から』（２００３-２０１２全３冊　安楽城出版）
翻訳本『ルドルフ・ラバン』（２００７　大修館書店）　その他
『市民と芸術　アート編』（２０２０　22世紀アート）
●ビデオ制作（全６巻　各１時間　台本・演出および解説パンフレット）
『第１巻　開拓期の人々』～『第６巻　戦後世代の展開』（1988-2005 CDAJ）

Eメール:peh03202@nifty.com
ウェブページ:〃市民と芸術〃 http://ukaikusaka.net

シリーズ　私のライフキャリア

人生三つの踊り場

～テレビマンからステージアート、そしてジャーナリズムの死角を見据えた男～

2023年2月28日発行
著　者　鵜飼宏明
発行者　向田翔一

発行所　株式会社22世紀アート
〒103-0007
東京都中央区日本橋浜町3-23-1-5F
電話　03-5941-9774
Email: info@22art.net　ホームページ：www.22art.net

発売元　株式会社日興企画
〒104-0032
東京都中央区八丁堀4-11-10 第2SSビル 6F
電話　03-6262-8127
Email: support@nikko-kikaku.com
ホームページ：https://nikko-kikaku.com/

印刷
製本　株式会社PUBFUN

ISBN：978-4-88877-174-0